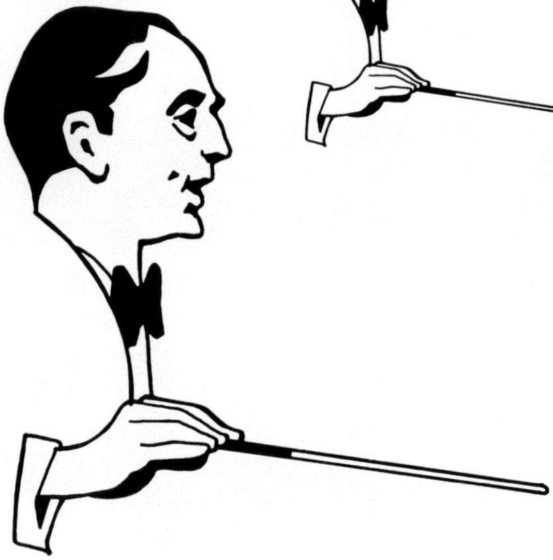

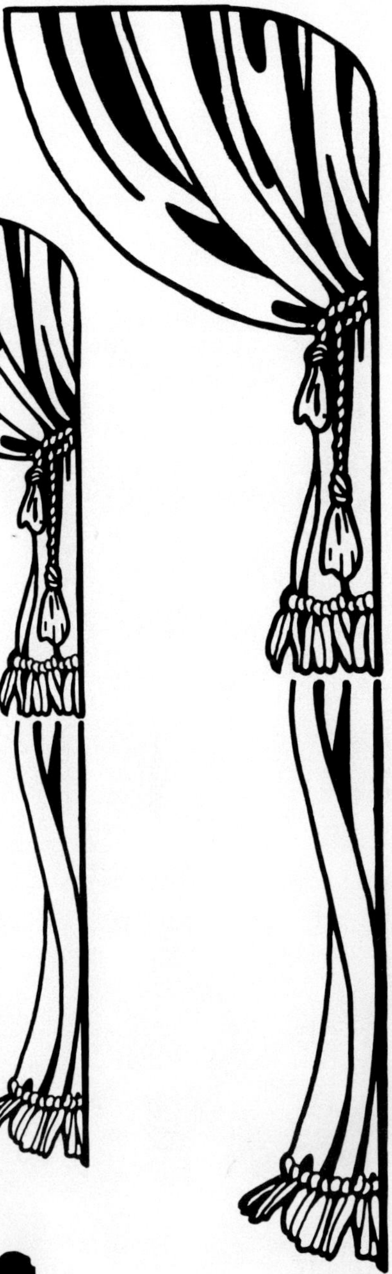

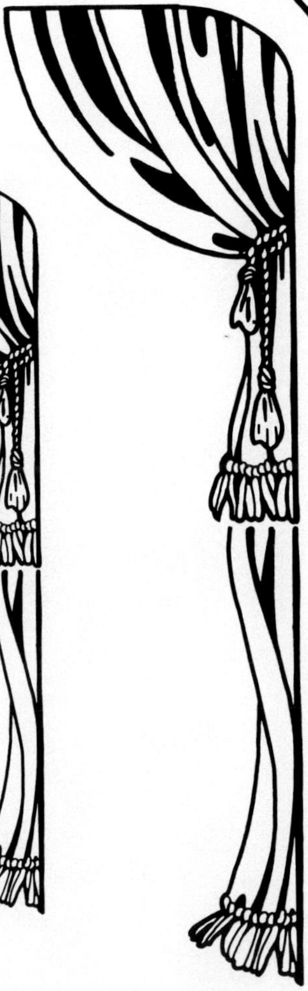

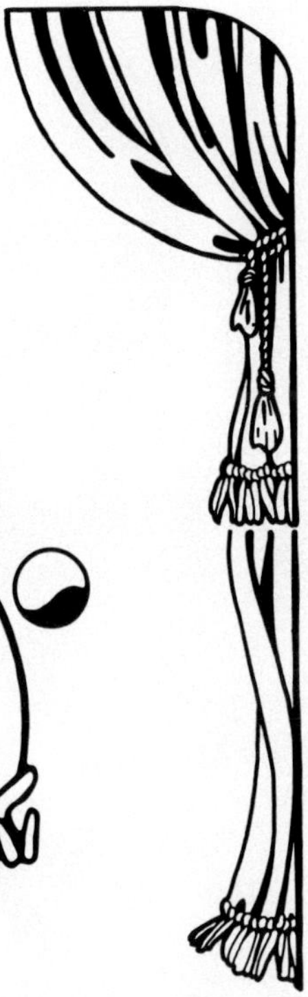

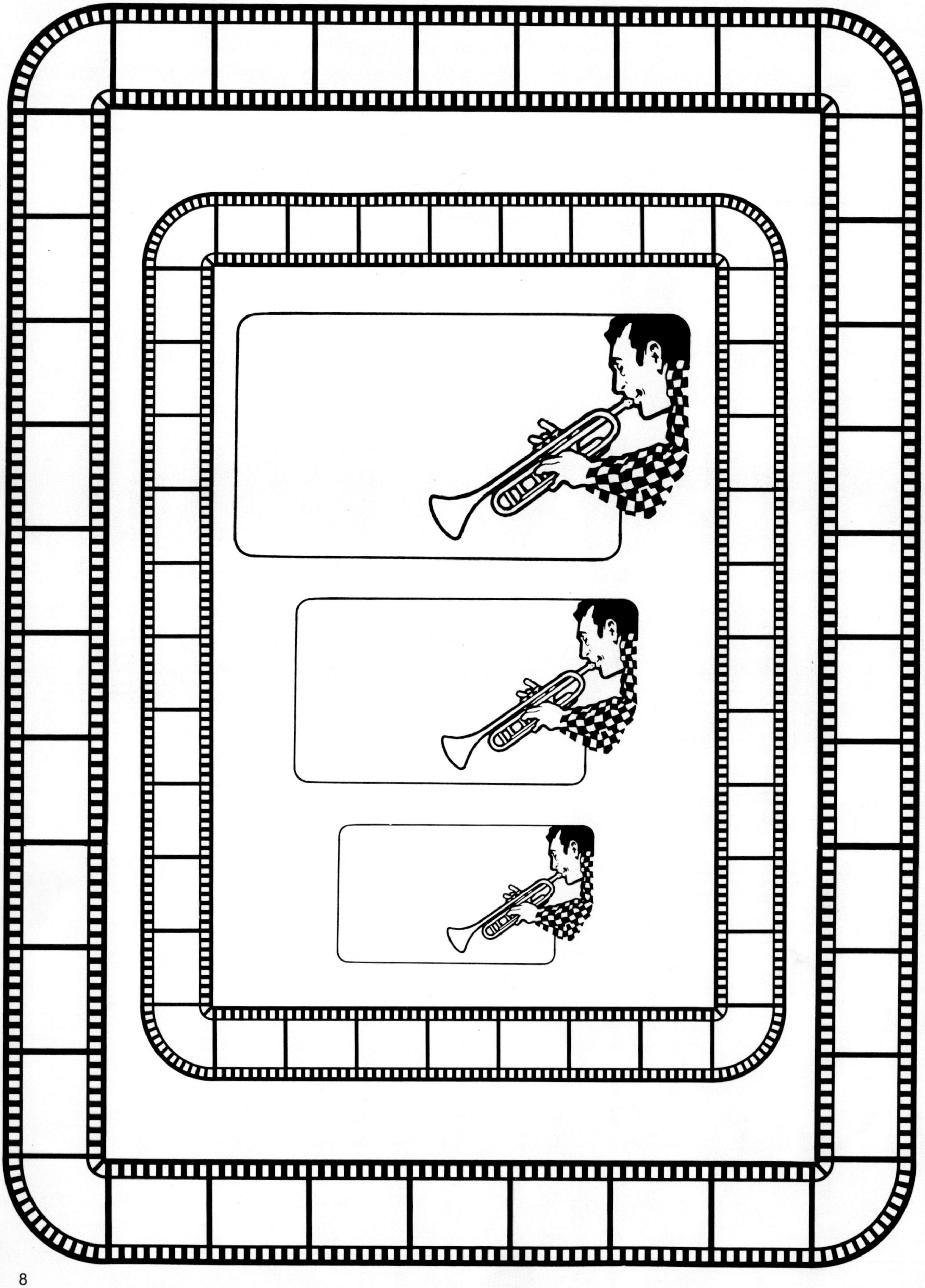

STAGE
DOOR

STAGE
DOOR

STAGE
DOOR

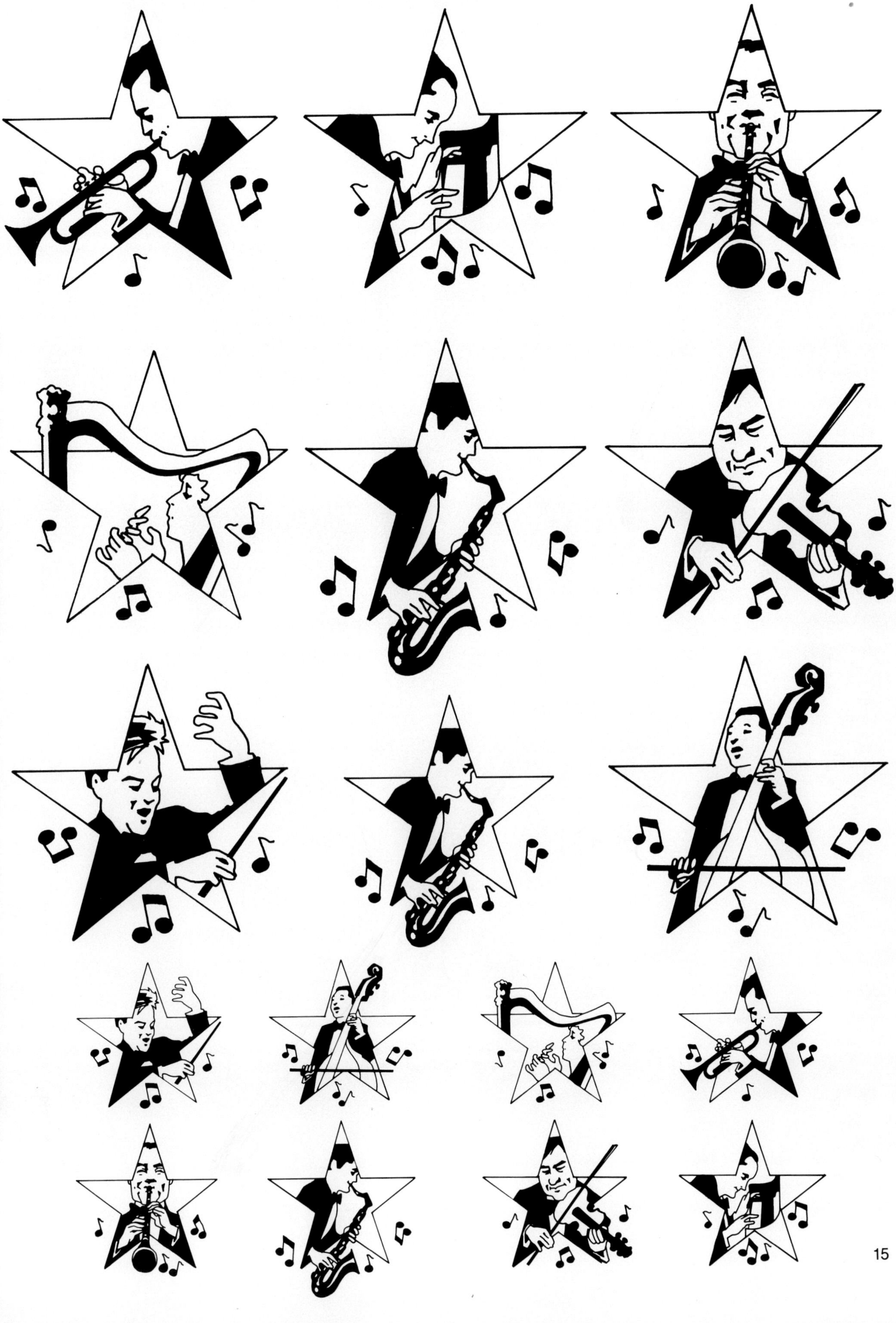

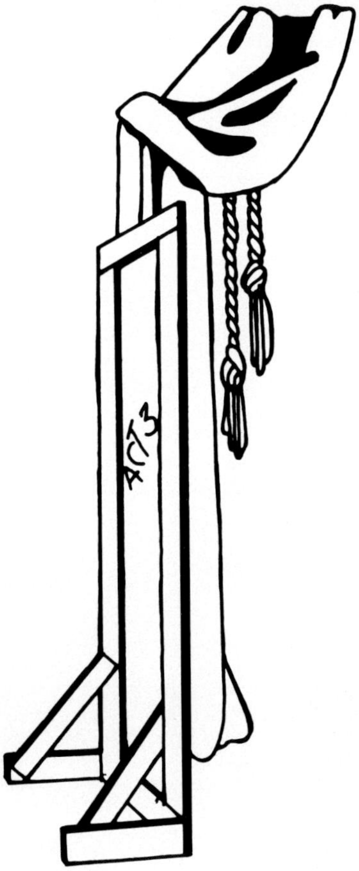
ACT3

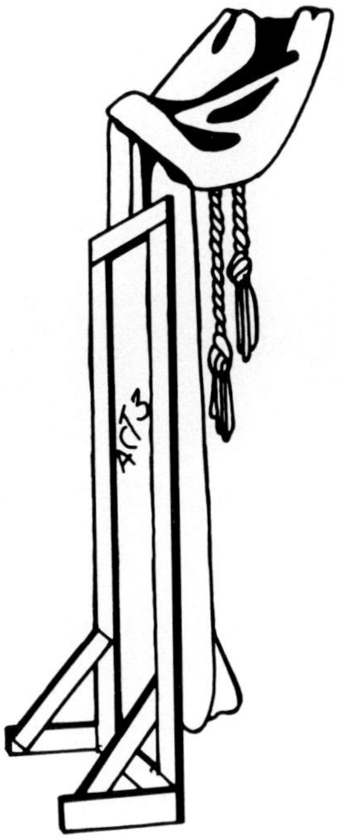
ACT3

ACT3

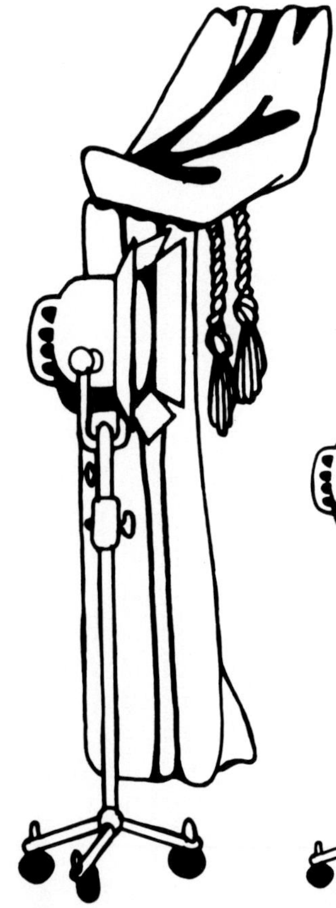

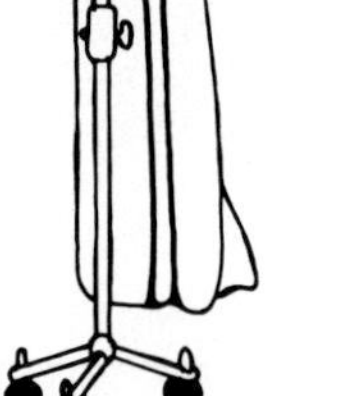

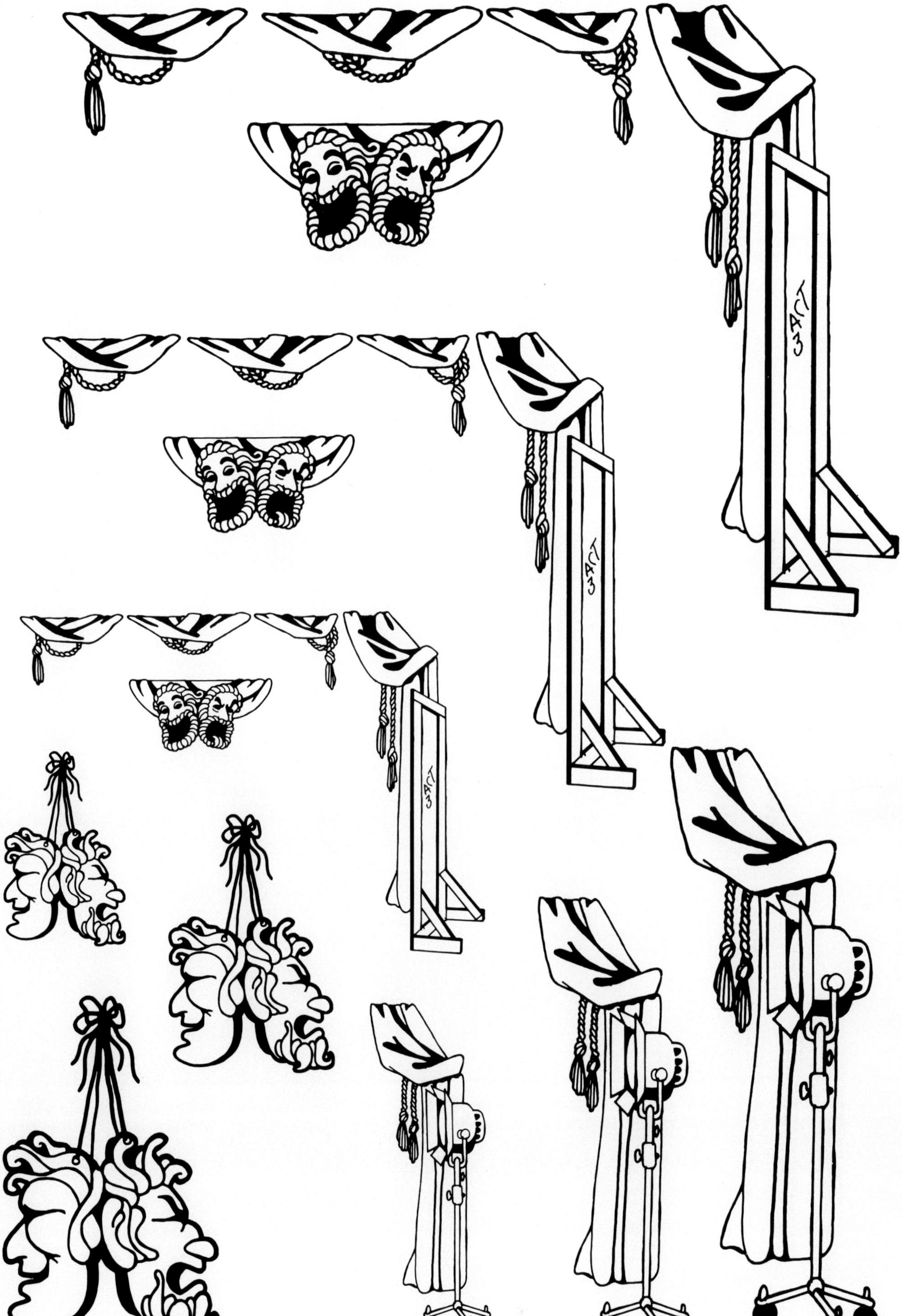
3 ACT

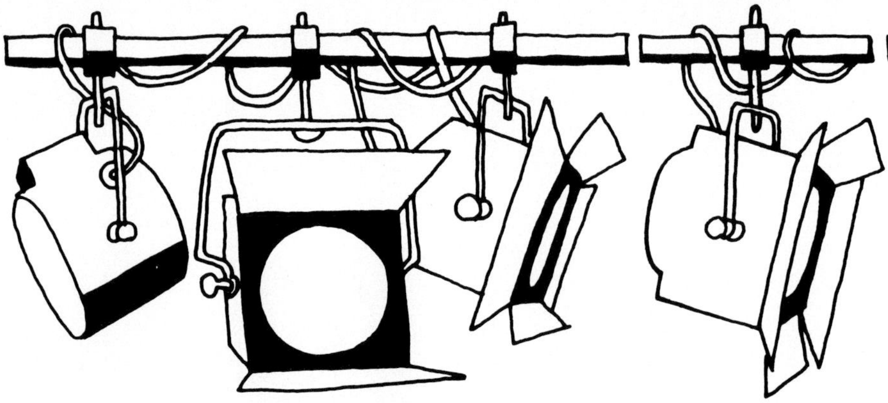

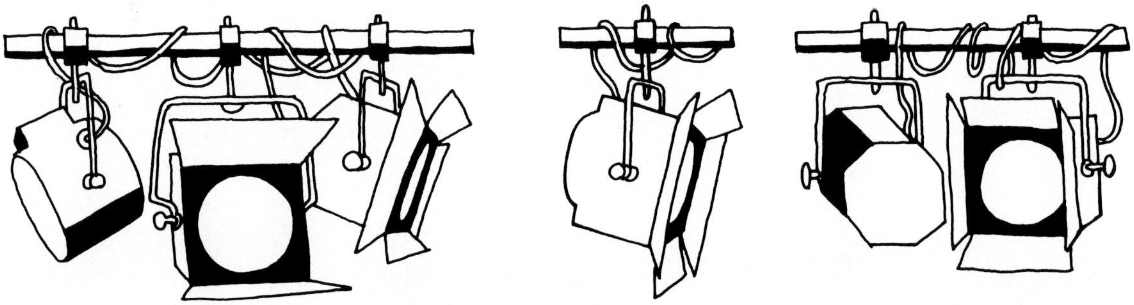

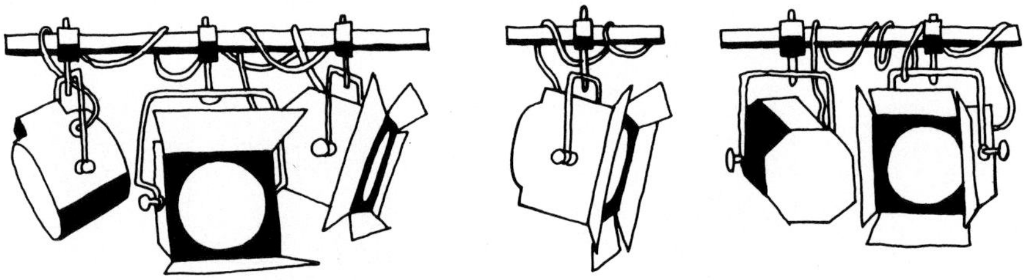

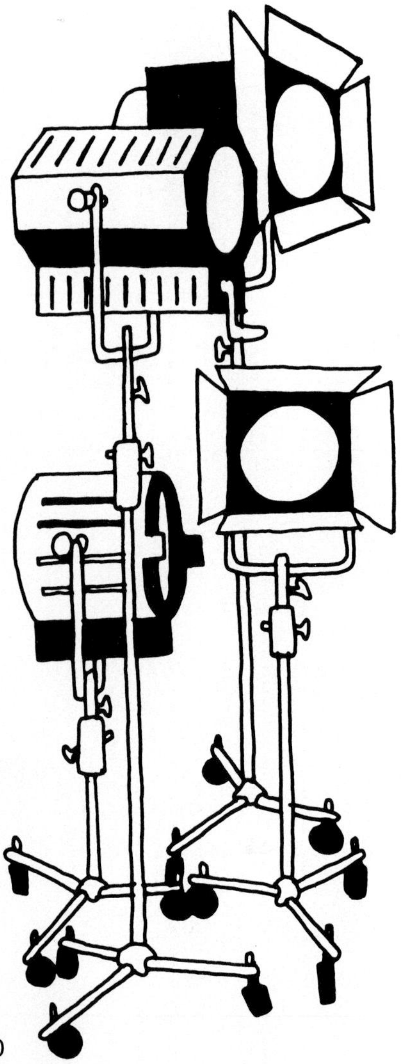

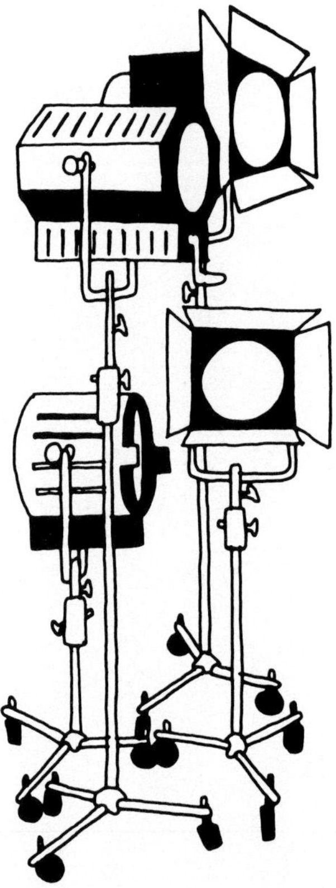

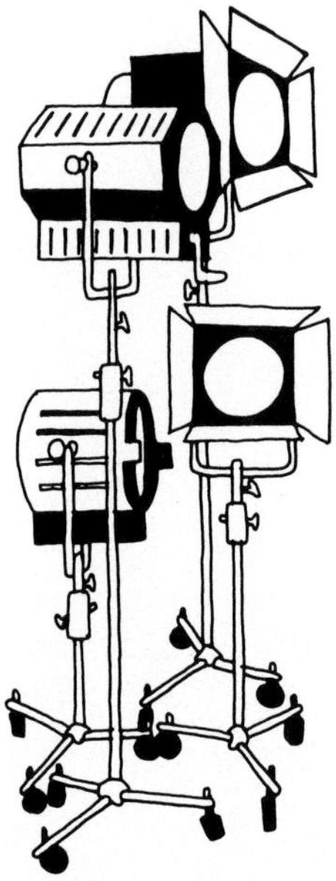

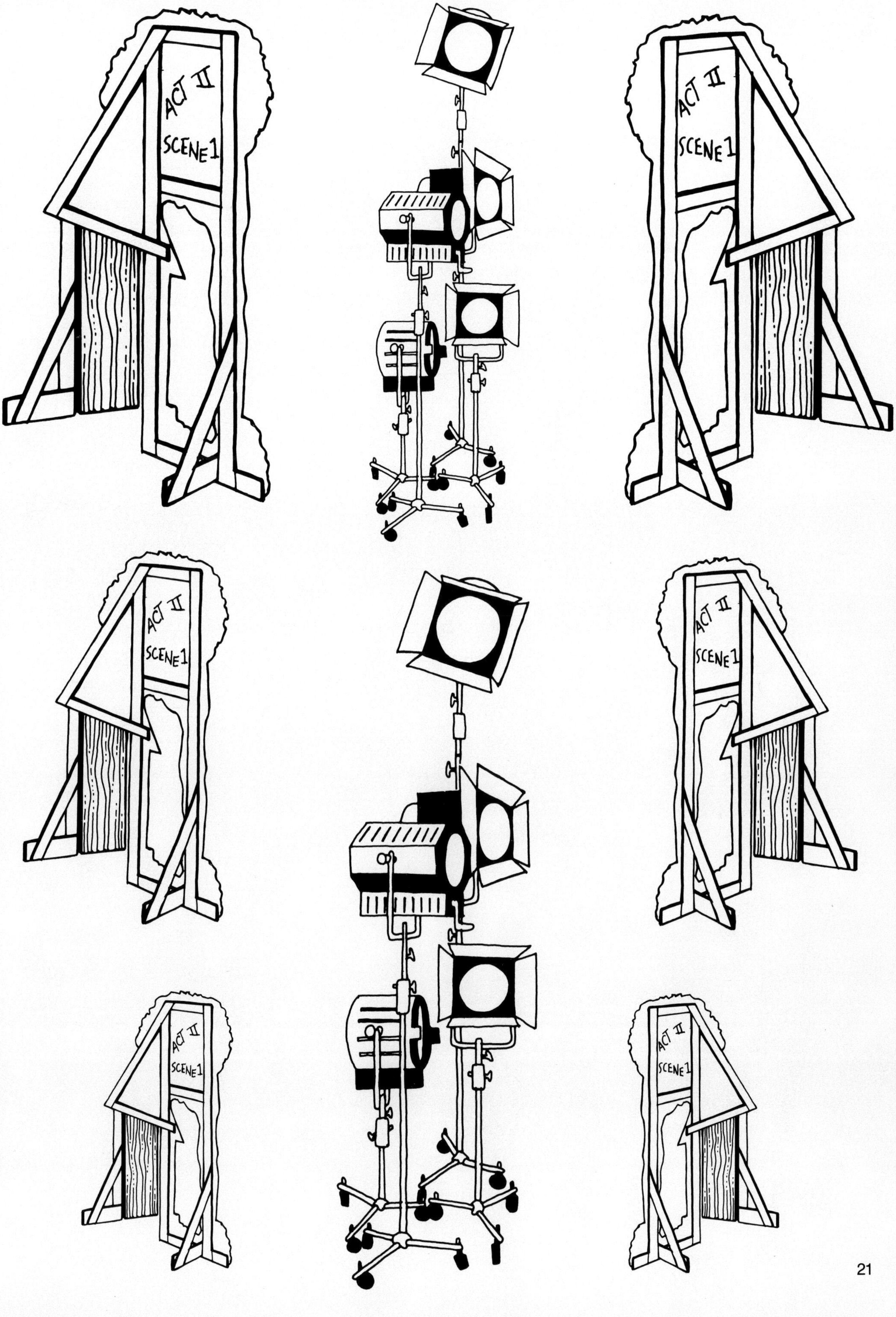
ACT II
SCENE 1
ACT II
SCENE 1
ACT II
SCENE 1
ACT II
SCENE 1
ACT II
SCENE 1
ACT II
SCENE 1

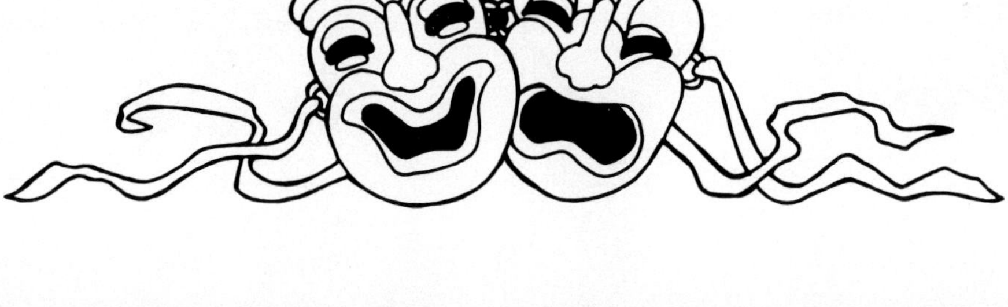